1890 Avril 17

AQUARELLES

ET

FUSAINS

par

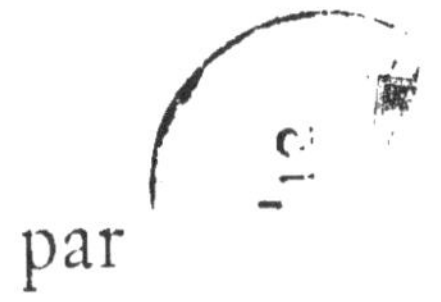

Allongé

Vente du Jeudi 17 Avril 1890

Hôtel Drouot

Salle n° 1

Trois heures très précises

Exposition, salle n° 1

Le Mercredi 16 Avril 1890

De une heure et demie à cinq heures et demie.

IMPRIMERIE MAULDE ET RENOU

A. MAULDE & Cie

IMPRIMEURS DE LA COMPAGNIE DES COMMISSAIRES-PRISEURS

Rue de Rivoli, 144

Aquarelles et Fusains

IMPRIMERIE A. MAULDE ET Cⁱᵉ

Rue de Rivoli, 144 — Paris

Vente du Jeudi 17 Avril 1890

de

Aquarelles et Fusains

par

Allongé

Hôtel Drouot, salle n° 1, a trois heures précises

Par le ministère de Mᵉ Léon TUAL, commissaire-priseur,
56, rue de la Victoire

Assisté de M. Georges MEUSNIER, expert près les tribunaux,
27 et 22, rue Saint-Augustin

Exposition publique

Le Mercredi 16 Avril 1890, de 1 heure 1/2 à 5 heures 1/2
Hôtel Drouot, salle n° 1.

Don S. de Ric...

D05412

Conditions de la Vente

Elle aura lieu au comptant.
Les acquéreurs payeront cinq pour cent en sus des enchères,
applicables aux frais.

Aquarelles

1. *Les grands Chénes du Plateau* (Forêt de Fontainebleau).

   Exposition Universelle de 1889.

2. *Printemps.*

3. *Automne.*

4. *Lever de pleine Lune.*

5. *Le Loing à Montargis.*

6. *Descente de la Gorge aux Loups.*

7. *Sentier de Marlotte à la Mare.*

8. *La Ruelle de Beauregard.*

9. *Église de Chateaurenard.*

10. *Une Lande à Plougastel.*

11. *La Moisson.*

12. *Près Bourron.*

13. *Bornage de la Garderie.*

14. *Les Chiffonniers à Puteaux.*

15. *Bas-Meudon.*

16. *Chemin de Noisemont à Seine-Port.*

17. *Trèfles et Sainfoins.*

18. *Une Mare* (Automne).

19. *Baraques à Plaisance* (Effet de neige).

20. *Pont de Sèvres.*

21. *Sous Bois* (Automne).

22. *Bourron vu des hauteurs de la forêt de Fontainebleau.*

23. *La Mare aux Fées* (Hiver).

38. *Bouleaux.*

39 *Un coin de Soleil.*

40. *Commencement d'automne.*

41. *A travers Bouleaux.*

42. *Nature morte* (Marée).

43. *Une Mare à Seine-Port.*

44. *Plateau de la Mare aux Fées.*

45. *Parc de Martinvast.*

46. *Dans les Bruyères.*

47. *Le Chemin du Garde.*

48. *Le tournant de la Mare aux Fées.*

49. *Brouillard du matin.*

Fusains

10. *Le Miroir* (Martinvast).

11. *La Mare aux Bouleaux.*

12. *Le Loing*

13. *Entre deux arbres.*

14. *Coin de Mare.*

15. *Coupe de Bois.*

16. *Étang du Bas.*

17. *Souvenir d'Arcy-sur-Cure.*

18. *Entre Rochers.*

19. *Le creux de la Foudre* (Avallon, Yonne).

20. *La Vanne.*

21. *Mare dans la forêt du Rougeot.*

22. *Étude d'Arbres.*

23. *Effet de neige.*

24. *Rivière* (La Seine près Poissy).

25. *Les Rochers de Plougastel.*

26. *Vallée de Quincampoix* (Manche).

27. *Printemps.*

28. *Sous Bois.*

29. *Marine.*

30. *Le Soir.*

31. *A travers Bois.*

32. *Marine.*

IMPRIMERIE MAULDE ET RENOU

A. MAULDE & Cie

IMPRIMEURS DE LA COMPAGNIE DES COMMISSAIRES-PRISEURS

Rue de Rivoli, 144

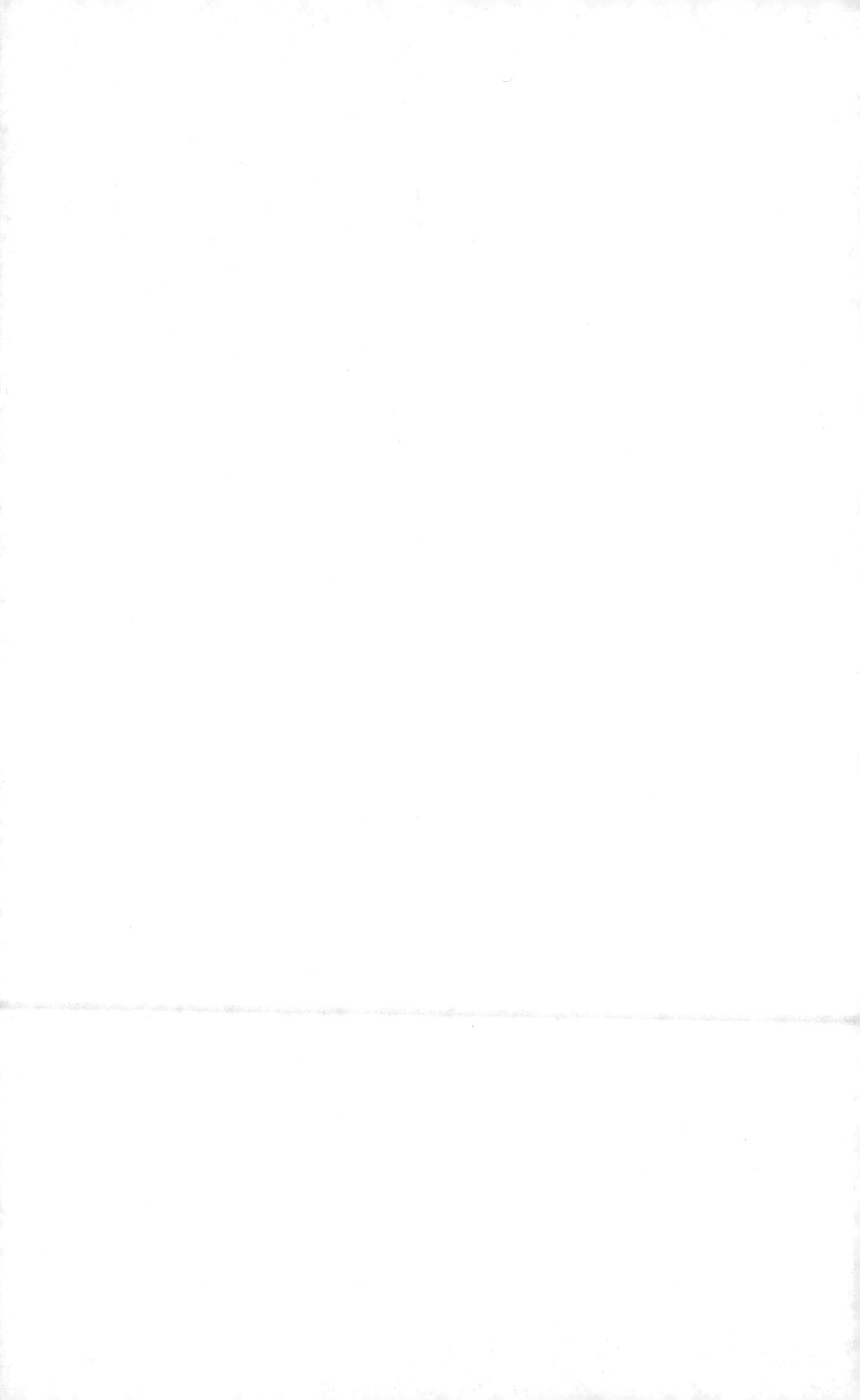

www.ingramcontent.com/pod-product-compliance
Lightning Source LLC
LaVergne TN
LVHW010842180726
843502LV00009B/3709